Carnet de Sarthe

Regards croisés

Pascal Proust et Philippe Migné, tous deux Sarthois de cœur, ont une prédilection
pour les sujets insolites, les relevés de paysages fugaces, les détails d'architecture.
Pendant l'été 1999, ils ont sillonné sentiers et petites routes sarthoises :
l'un est parti du nord du département, aux portes d'Alençon ;
l'autre des marches de l'Anjou.
Afin de créer entre eux une émulation jubilatoire et permanente,
ils ont échangé une correspondance nourrie de croquis et de dessins.
Avec la complicité malicieuse de Pierre Laurendeau, écrivain,
chacun a pu découvrir, à des relais convenus, le travail de l'autre ;
petit à petit s'est ainsi construit un carnet de dessins, aquarelles, croquis
et de réflexions sur le mode épistolaire.
Au terme de leur séjour, sur le pont du Mans où ils s'étaient donné rendez-vous,
les deux amis dessinèrent la même vue, comme un reflet des moments de bonheur échangés.

Ont collaboré au livre :
Anne Rangé, Sandrine Malaterre, Arnaud Dutheil.
Lettrage et typographie : Bonté Divine, François Batet.

L'éditeur remercie, pour leur soutien :
Philippe Garnier, Jean-Pierre Boudin et Ghislaine Ronceray, société Cofiroute,
Le Comité départemental du Tourisme de la Sarthe,
le Conseil d'Architecture, d'Urbanisme et de l'Environnement de la Sarthe,
Henri Gauchotte, Publics Stratégies ;

les personnes rencontrées tout au long du parcours, notamment :
Monique Chopin (galerie Univers-Art)
l'équipage du « Sablésien », Anne Panici, ainsi que les propriétaires des sites privés.

« Carnet de Sarthe, Regards croisés » est le prolongement d'une aventure menée sur les bords de Loire
en compagnie de Cofiroute, du CDT Anjou et du CAUE de Maine-et-Loire,
à qui nous adressons ici nos amicales pensées sarthoises :
« Carnet de Loire, des Ponts-de-Cé à Montsoreau » et « Carnet de Loire, des Ponts-de-Cé à La Varenne ».

Carnet de Sarthe

des bords du Loir au Mans

Illustrations de Pascal Proust
Textes de Pierre Laurendeau

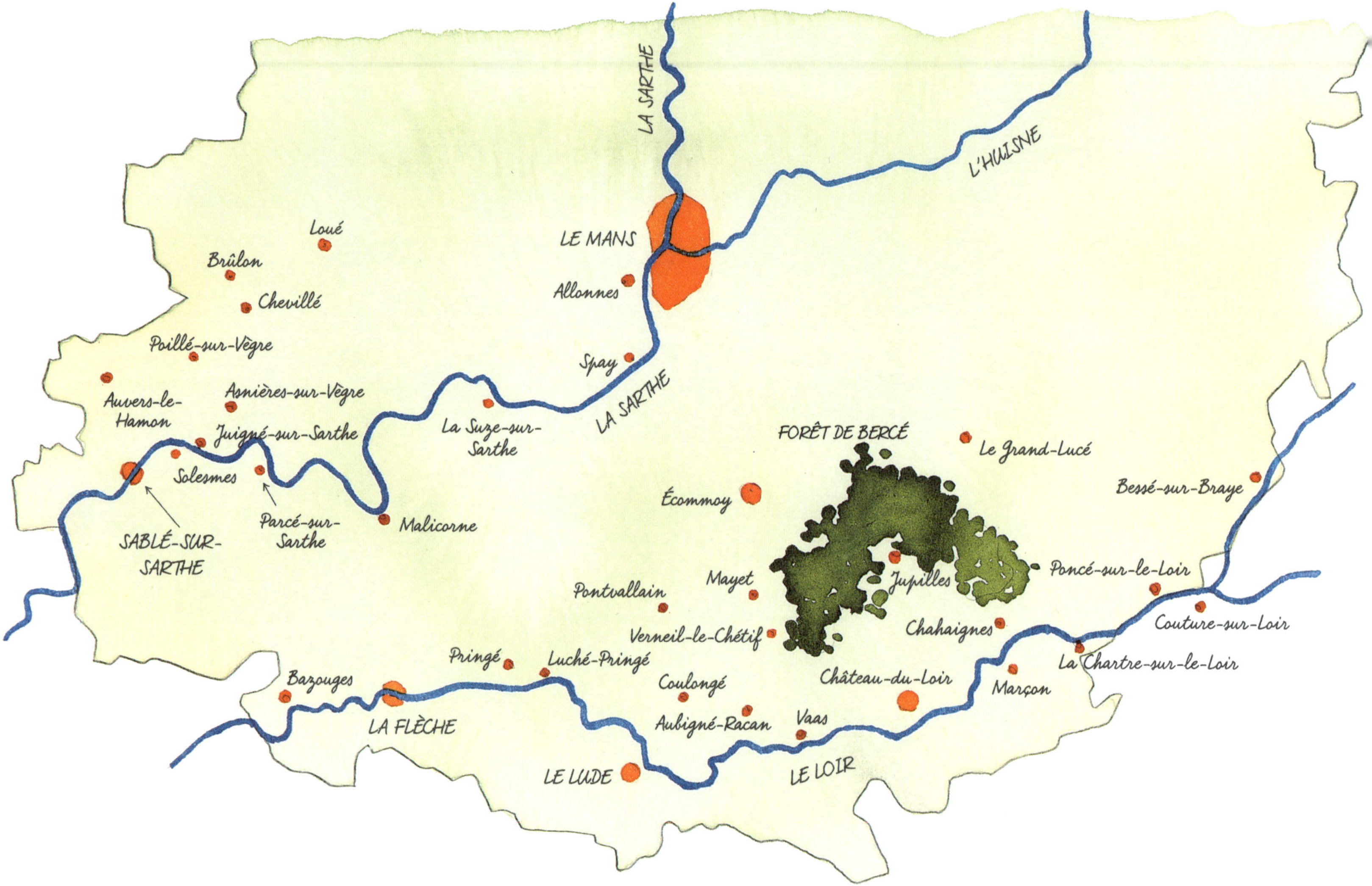
LA SARTHE
L'HUISNE
LE MANS
Loué
Brûlon
Allonnes
Chevillé
Poillé-sur-Vègre
Spay
LA SARTHE
Auvers-le-Hamon
Asnières-sur-Vègre
La Suze-sur-Sarthe
Juigné-sur-Sarthe
FORÊT DE BERCÉ
Le Grand-Lucé
Solesmes
Écommoy
Bessé-sur-Braye
Parcé-sur-Sarthe
Malicorne
SABLÉ-SUR-SARTHE
Mayet
Jupilles
Poncé-sur-le-Loir
Pontvallain
Couture-sur-Loir
Verneil-le-Chétif
Chahaignes
Pringé
Luché-Pringé
La Chartre-sur-le-Loir
Bazouges
Coulongé
Château-du-Loir
Marçon
LA FLÈCHE
Aubigné-Racan
Vaas
LE LUDE
LE LOIR

Premier séjour

Du manoir de la Possonnière à Château-du-Loir

À Poncé-sur-le-Loir,
Lucarne aux deux bouteilles

Détail d'un linteau

Le manoir de la Possonnière (Couture-sur-Loir)

Édifié par le père du poète Ronsard, qui y vit le jour en 1524, ce charmant manoir est orné d'inscriptions. « Sustine et Abstine », peut-on lire sur la porte de la cuisine troglodytique : « Soutiens-toi, mais abstiens-toi. » À lire avec modération.

8

Château de Courtanvaux (XVe-XVIe et XIXe siècles)
Après avoir longé l'immense papeterie qui nourrit toute la région de Bessé-sur-Braye, je me glisse sous les hautes frondaisons du parc de Courtanvaux. Tout est calme, silencieux ; la grosse horloge sur la tourelle du château indique l'heure magique, celle où le spectre bienveillant de « Maman Quiou », la gouvernante du roi de Rome, flotte sur l'allée des Lions.

Poncé-sur-le-Loir

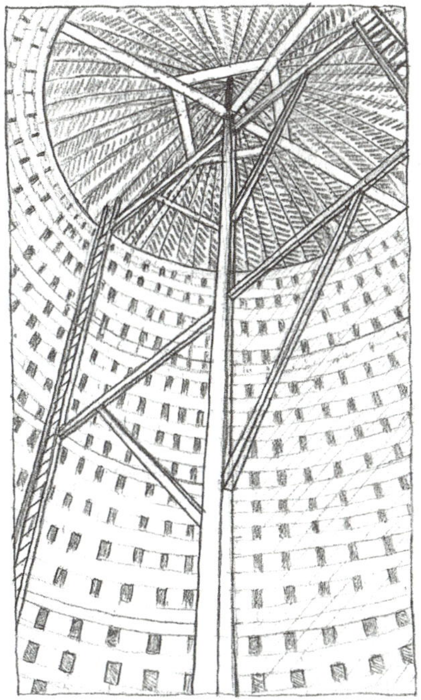

Le colombier du château (XVIe) peut accueillir 8 000 pigeons. Pour nourrir les volatiles et recueillir les œufs, deux échelles tournant sur un axe donnent accès aux 1 800 loges.

Château de Poncé.
Sous le labyrinthe des Charmilles
ou au pied de la promenade Caroline
– une étonnante folie néo-gothique
de brique et de tuffeau adossée au coteau –
j'entends comme un bruissement de crinoline
et des chuchotements surannés.

Au Centre artisanal de Poncé, installé dans un ancien moulin à papier, souffleur de verre, sculpteur de bois, céramiste ou tisserand travaillent en direct devant le public.

La Chartre-sur-le-Loir

Par un raide
sentier,
je vais saluer
Jeanne d'Arc ;
au sommet de sa tour,
la Pucelle veille sur la ville
et les coteaux couverts de vigne.
L'escapade donne soif, prétexte
à déguster un jasnières fruité
et frais.

Girouette ou panneau publicitaire,
le souvenir de Louis Rustin,
bienfaiteur de l'humanité à deux
roues, demeure vivace dans la cité
où l'inventeur du pansement
à bicyclette installa
une manufacture de caoutchouc
en 1903.

Comme le rappelle le mode d'emploi :
« A utiliser avec Dissolutine
pour avoir la sécurité Rustines. »

Les écoliers de Marçon
exercent leur appétit à l'abri
d'une cantine construite
sur les plans de Le Corbusier.

Au pied des coteaux,
dans les nombreuses caves troglodytiques
s'élabore la secrète alchimie des esters.
Ici à Chahaignes.

Parmi les multiples modèles
de maisons de vigne de la vallée du Loir,
je choisis cette chapelle en réduction
édifiée par un curé vigneron.

Le Grand-Lucé

Plan du château
et d'une partie
des jardins.

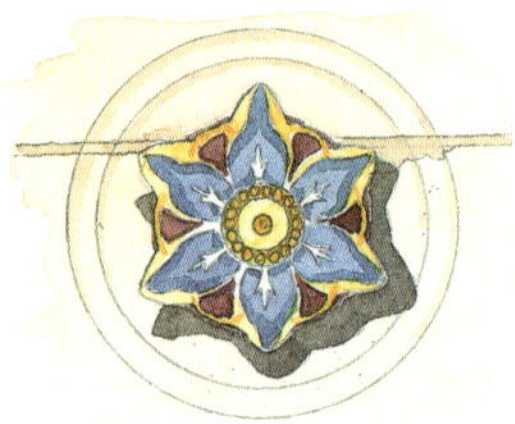

L'hôtel de ville est une magnifique
demeure du XIXe siècle.
Je cueille d'un œil vif
ce décor en brique vernissée
sur la façade d'une dépendance.

Statue allégorique
dans le parc du château.

Probablement le seul château construit par correspondance, celui du Grand-Lucé nécessita l'échange de 208 lettres, de 1761 à 1764, entre le propriétaire, intendant d'Alsace, et son architecte. Le jardin, recréé dans l'esprit du siècle des Lumières, ménage la transition entre le style « à la française » et le jardin de paysage. Il est depuis peu ouvert au public.

Un des piliers de l'ancienne poste est orné d'un inquiétant décor – outils tranchants et plaie ouverte sur une jambe : enseigne d'un barbier qui officiait parfois comme chirurgien.

À Écommoy, je flâne sous les tilleuls de l'allée de Fontenailles ; malheureusement interrompu par l'hippodrome, ce mail reliait autrefois le château à l'église.

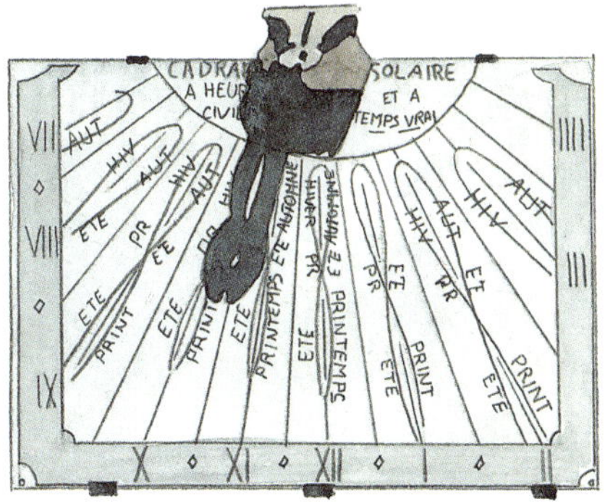

Le cadran solaire de Verneil-le-Chétif « à heure civile et à temps vrai », conçu en 1880 par un horloger ponctuel. L'ombre portée du style en métal, terminé par un disque percé d'un œilleton, donne un temps moyen quelle que soit la saison.

Ancienne poste d'Écommoy.

Mayet

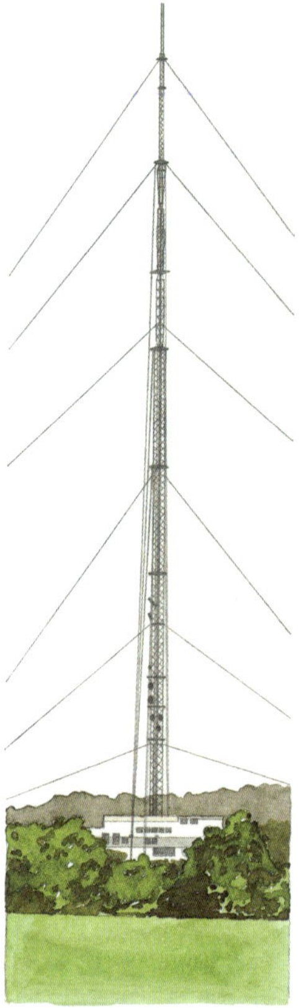

À Mayet, il est
conseillé
de marcher le nez
en l'air et l'œil
aux aguets pour
surprendre les belles
lucarnes aux décors
sophistiqués.

Dominant de ses 341 mètres
la forêt de Bercé,
le plus haut émetteur de France
diffuse au loin
la bonne parole cathodique.

Lavoir de l'Arche.

La forêt de Bercé

Au cœur de la plus vieille
chênaie d'Europe,
je galope à la poursuite
du mystérieux chêne Boppe :
fontaine de la Coudre, source de l'Hermitière,
futaie des Clos, carrefours...
me font tourner la tête.
Après plusieurs heures, épuisé mais heureux,
je découvre enfin l'ancêtre, né sous Louis XIV ;
À l'aplomb de ses 44 mètres de sagesse végétale,
je prends la mesure de la vanité
des entreprises humaines.
Du grand frère, malheureusement foudroyé,
ne reste que la souche.

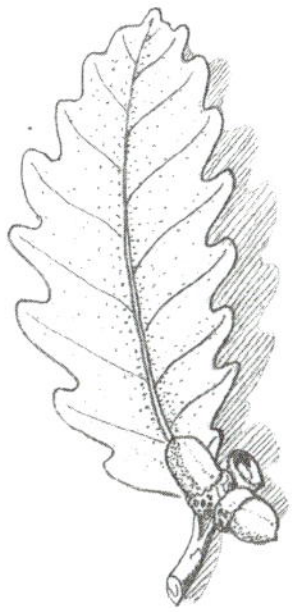

Les chênes de Bercé sont recherchés
des fabricants de tonneaux : l'arôme exceptionnel
de leur bois parfume les meilleurs bordeaux.
Sur pied, le prix d'un de ces géants immobiles peut
atteindre 150 000 francs.

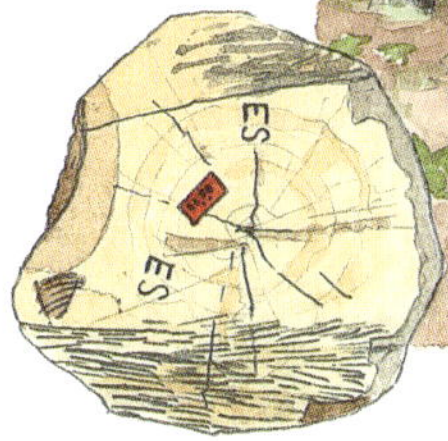

Château-du-Loir

Au XVIe siècle,
les membres de la Pléiade,
de Ronsard à Du Bellay
en passant par De Baïf et Racan,
se rencontraient volontiers
à Château-du-Loir.

Les ailes protectrices
de l'ange de la Victoire s'étendent
au-dessus d'un soldat... italien !
La réalisation du monument aux morts
fut en effet confiée à un artiste transalpin,
Mario Vitti, qui s'inspira
du costume et des usages militaires de son pays.

Il ne reste du château, rasé au XVIIIe siècle,
que le pied d'une tour dans laquelle furent
aménagées des prisons ; s'y entassèrent
les malheureux forçats en route vers les ports
de Nantes ou de La Rochelle.

Deuxième séjour

Des rives du Loir à Solesmes

Pêcheur au bord du Loir.

Vaas

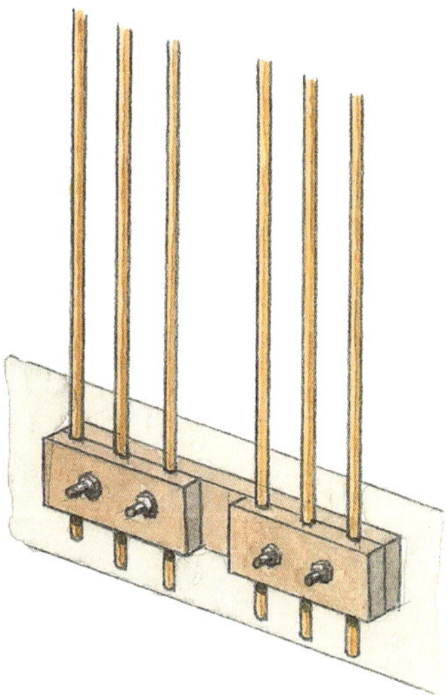

Tiges en rotin soutenant le tamis
à farine : souplesse
et fermeté pour bluter.

Au moulin de Rotrou, près de Vaas, une « boîte à lumière »
assure le mouvement de toutes les meules à l'aide
de la seule roue à aubes qui brasse tranquillement quelques
centimètres d'eau chipés au Loir. À l'entrée du site,
des plantations pédagogiques, pour éviter de confondre
épeautre et blé, orge et seigle...

Site archéologique de Cherré

Parmi les objets mis au jour,
des monnaies romaines
des IIe et IIIe siècles.
Au cours de cette période
plutôt troublée de l'Empire,
des « frappes sauvages »
à l'effigie d'usurpateurs
ont probablement été réalisées
dans le Maine.

PLAN DU THÉÂTRE

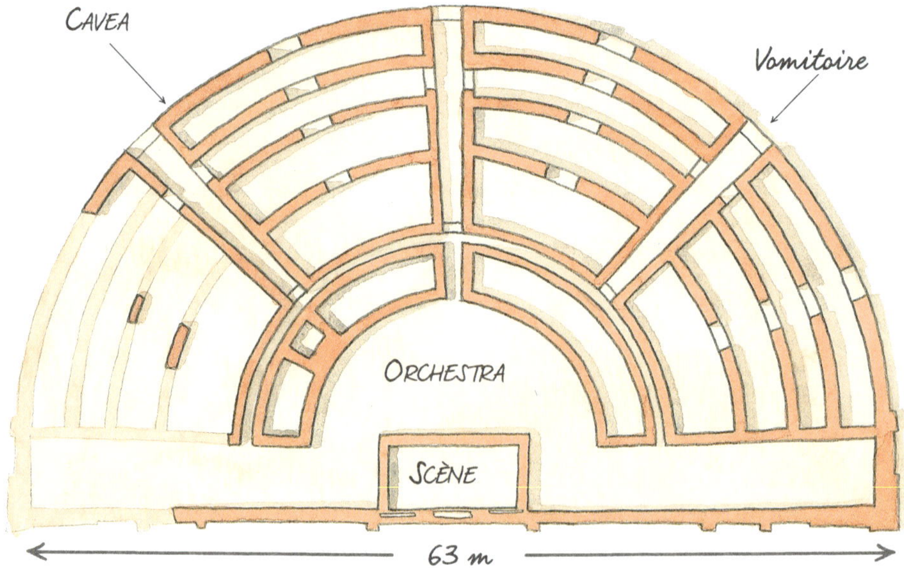

La route de Château-du-Loir au Lude traverse un site archéologique dont la période d'occupation s'étend de deux millénaires avant notre ère à l'époque gallo-romaine. De ce lieu de culte et de rencontres quelques vestiges : deux temples, des thermes, le soubassement d'un théâtre pouvant accueillir 3 000 spectateurs.

En décembre 1370,
Bertrand du Guesclin battit les Anglois à Pontvallain. Cette bataille mit fin – provisoirement du moins – aux incursions de nos voisins dans la région. L'obélisque de pierre, dressée en 1828 sur le site en remplacement d'une croix en bois signale la sépulture des fidèles Bretons du Connétable. Aujourd'hui, de nombreux Anglo-Saxons sillonnent en toute quiétude les petites routes sarthoises.

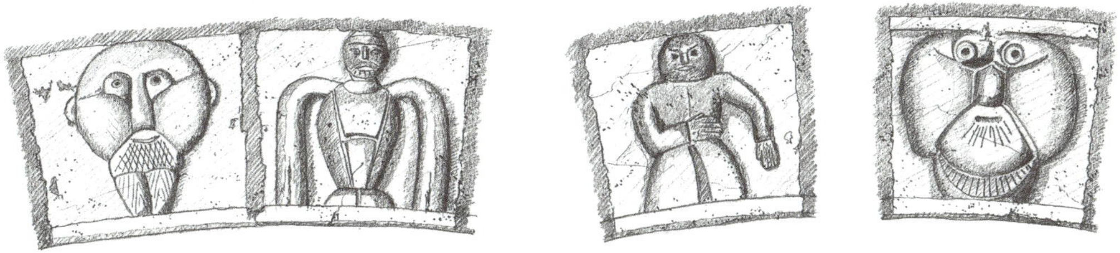

À Coulongé, je croque de curieux personnages – masques, têtes barbares – ornant la voussure du portail de l'église et formant une frise tout autour de l'édifice.

Le Lude

Un des médaillons qui ornent la façade Renaissance italienne du château.

La promenade dans le parc du château aboutit au jardin de la source, composition intimiste autour d'un kiosque d'inspiration chinoise.

En remontant le Loir, dans les prairies de Malidor, une roue d'irrigation métallique construite vers 1870.

*Forteresse médiévale transformée à la Renaissance en demeure de plaisance,
le château du Lude témoigne, par son architecture et son aménagement intérieur,
d'une histoire brillante et raffinée. Côté jardins, une longue terrasse domine le Loir.
Je vais saluer un Hercule de marbre en pleine action. Côté cuisine, de superbes ustensiles
en cuivre aiguisent mon appétit ; sans attendre le week-end des jardiniers,
qui ouvre à un public de passionnés le potager du domaine,
je déguste d'imaginaires veloutés mitonnés sous les voûtes du XVe siècle...*

Luché-Pringé

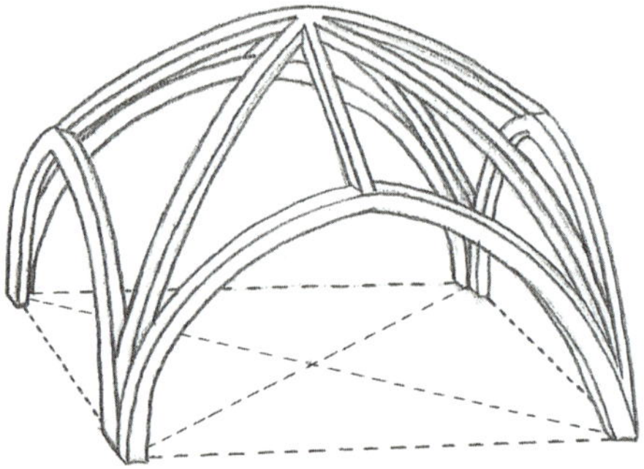

Église de Luché-Pringé,
bel exemple de voûte gothique angevine,
dite aussi « style Plantagenêt »
(XIIIe siècle) : le haussement de la clé
de l'ogive par rapport aux arcs latéraux
donne à l'ensemble une impression
de grâce et de légèreté que renforce
la finesse des piliers.

Juché sur la façade de l'église,
ce joueur de luth accompagne
d'un air maussade
son compagnon griffu et ailé
qui s'égosille.

Portail de l'église romane de Pringé. Une fois la porte poussée,
saint Christophe portant l'enfant Jésus, saint Georges
terrassant l'éternel dragon, saint Hubert et son cerf,
sainte Barbe... accueillent le visiteur sur d'anciennes peintures murales.

La Flèche

Surnommé « La Bonbonnière »,
un merveilleux petit théâtre
à l'italienne datant de 1839
a été récemment restauré.
Détail d'une frise
en l'honneur de Thalie.

La mairie de La Flèche, pont sur le Loir, symbolise l'union
de deux communes que l'eau séparait autrefois
ainsi que le passage de la tradition à la modernité.

Le Vert-Galant, fondateur
du collège des jésuites,
devenu prytanée militaire
sous Napoléon.
Les cendres du cœur d'Henri IV
et de son épouse Marie de Médicis
sont conservées dans l'église
Saint-Louis (chapelle du prytanée).

La Flèche, le port Luneau.
Petit frère des bateaux qui emmenèrent les compagnons de La Dauversière
vers le Canada, où ils fondèrent Montréal en 1642,
ce futreau invite au voyage vers les contrées
lointaines ou les paysages intérieurs.

Le château de Bazouges et son reflet sur le Loir.
La chapelle de cette ancienne forteresse, devenue manoir au fil des ans, abrite une statue de Marie l'Égyptienne.

Décor peint (nef de l'église de Bazouges). Arbre de vie ou celui de la connaissance, porteur des fruits du savoir inaccessible...

Le château et le port de Sablé-sur-Sarthe.
Naguère manufacture de chicorée de la dynastie Williot, le château abrite depuis 1979 un centre technique de pointe où sont restaurés, entre autres, des documents de la Bibliothèque nationale postérieurs à 1860 : quatorze semaines sont nécessaires pour neutraliser des dégradations dues principalement à l'instabilité chimique des papiers et des encres utilisés.

Sablé-sur-Sarthe

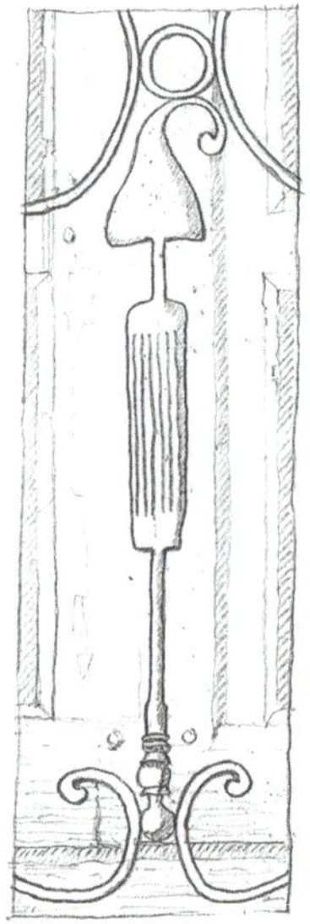

La Grande Rue, artère stratégique
de la cité sabolienne, débordant
aujourd'hui largement ses limites
historiques de part et d'autre
de la Sarthe. Ville dynamique,
Sablé eut, entre les deux guerres,
le premier maire de couleur
en France, Raphaël Élisé,
qui mourut en déportation.

Bonnet phrygien ornant
un travail de ferronnerie,
sur une maison occupée
par les gendarmes
de la Ire République.

Le Sablé,
croquant et savoureux
clin d'œil pâtissier.

L'abbaye Saint-Pierre de Solesmes, vue de la Sarthe.
Fondé au XIe siècle et plusieurs fois remanié, ce vaste ensemble monastique abrite une communauté de bénédictins. Haut lieu de la renaissance du chant grégorien, l'abbaye ouvre ses portes aux laïcs qui souhaitent y effectuer une retraite spirituelle.

L'abbaye Sainte-Cécile
de Solesmes abrite, elle,
une communauté de bénédictines.
Elles suivent la règle édictée
par saint Benoît au VIe siècle,
dans la prière et le travail,
la solitude et la vie fraternelle.

Sur une maison du bourg, un personnage
en conversation... avec les anges ?

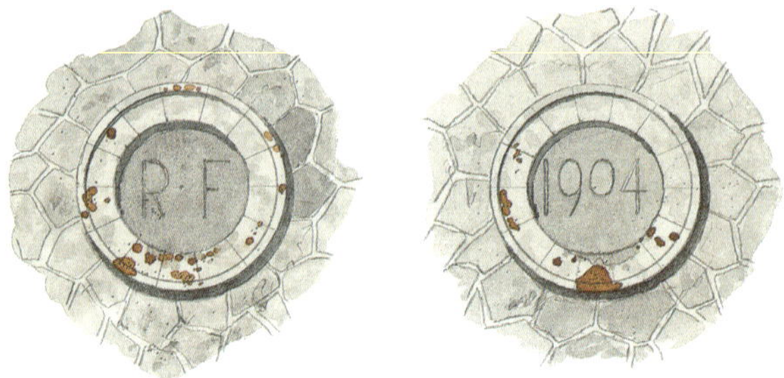

Deux médaillons républicains
apposés sur le tablier du pont
qui enjambe la Sarthe.

Troisième séjour

De Juigné-sur-Sarthe au Mans

Du Mans à Sablé, 14 écluses.
Ici, celle de Juigné-sur-Sarthe.

Juigné-sur-Sarthe

À bord du « Sablésien », bateau aménagé pour l'excursion et la gourmandise. Le franchissement de l'écluse suit un rituel immuable : après la fermeture des portes aval, l'éclusière remonte vers les portes amont dont elle relève les « ventelles », orifices par lesquels l'eau remplit le sas ; puis elle ouvre les portes amont. Ce trajet incessant de l'aval à l'amont et de l'amont vers l'aval lui fait parcourir plusieurs kilomètres par jour.

La maison de l'éclusière est conçue pour une surveillance permanente de la rivière. Surélevée, elle échappe aux crues.

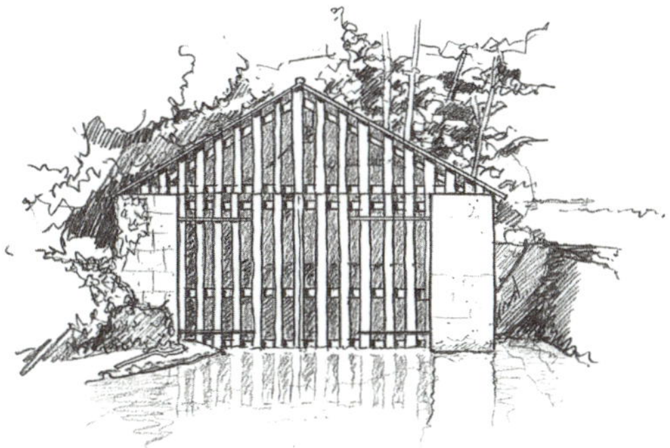

Garage à bateaux du château de Juigné.

Asnières-sur-Vègre

Église Saint-Hilaire (XIe siècle),
détail d'une fresque
peinte vers 1200.

Singe accroupi
sur le pignon ouest du « Temple »,
ancienne cour de justice dont
l'appellation suggère un lien
avec l'ordre des Templiers.

Petite cité de (bon) caractère,
Asnières se raconte au fil de l'eau.
Même le forgeron du village trempe
les charbons ardents
pour en aviver la flamme.

À la croisée
des chemins
d'Auvers-le-
Hamon, chacun
porte sa croix...

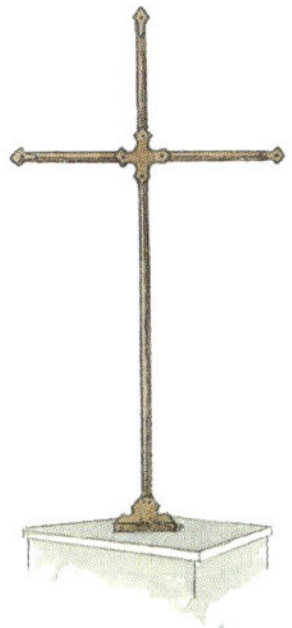

La découverte fortuite d'anthracite
dans une ferme d'Auvers-le-Hamon
en 1809 fut le point de départ
d'une activité d'extraction intense,
quoique brève, dans la région.

Le lavoir de Poillé-sur-Vègre
et sa pompe... Où sont passés
les lavandières d'antan,
le bruit des battoirs
sur le linge, les confidences
et les rires?

Brûlon, le musée Chappe.
L'inventeur du télégraphe optique
fit sa première expérience en 1791
entre Brûlon, son village natal,
et Parcé-sur-Sarthe, distant de quatre lieues.
Plusieurs lignes du télégraphe optique de Chappe
furent créées en France de la Révolution à la Monarchie de Juillet.
Les nouvelles parvenaient à Paris en trois minutes de Calais
et en vingt minutes de Toulon.

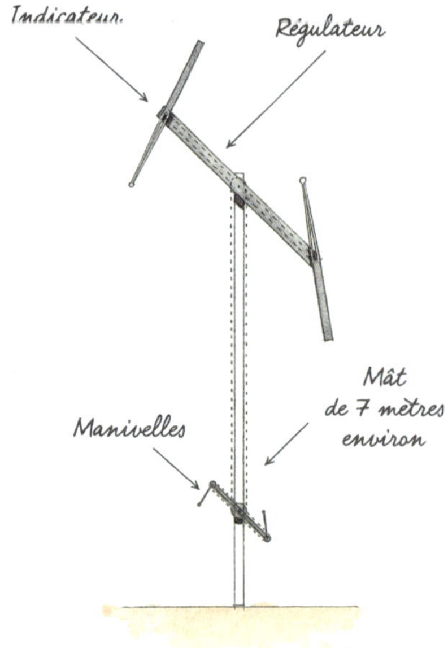

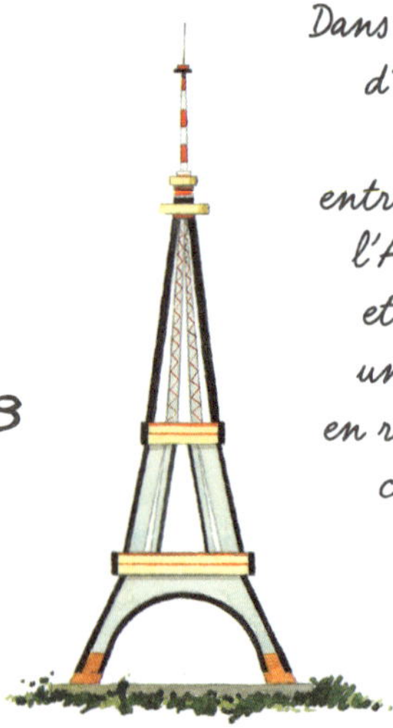

Dans le jardin féerique
d'un habitant
de Chevillé :
entre Blanche-Neige,
l'Arc de triomphe
et la tour Eiffel,
un « Concorde »
en réduction épinglé
comme un joli
coléoptère.

Installé sur un point élevé,
monticule ou tour,
le sémaphore était actionné
par un transmetteur,
tandis qu'un observateur,
avec une lunette, déchiffrait
les signaux en provenance
des postes voisins. Les frères
Chappe avaient mis au point
un véritable langage visuel fondé
sur la position des bras articulés.

Hôtel-restaurant
Ricordeau

Les poulets, chapons et poulardes
de Loué contribuent à la réputation
de la Sarthe. Des séjours à la ferme
proposés par des éleveurs
vous familiarisent
avec les sympathiques gallinacés...
... que vous retrouvez
dans votre assiette, chez Ricordeau,
une des tables les plus réputées
de France ; le restaurant est installé
dans un ancien relais de poste.

Parcé-sur-Sarthe

Au fronton du portail
en pierre du cimetière de Parcé,
la « Camarde » tient entre ses doigts
un gobelet et une faux brisée,
symboles de l'immortalité de l'âme.
De part et d'autre du personnage,
l'alpha et l'oméga indiquent
les limites de la vie terrestre.

Le Tripot, ancienne maison de jeux et de plaisir, l'une des belles demeures de Parcé. François Villon, mauvais garçon et bon poète du XVe siècle, fut emprisonné dans un bâtiment de la rue des Moulins.
Plus récemment, on pouvait rencontrer Marcel Pagnol dans les rues de la cité, qu'il fréquenta entre 1930 et 1945.

Malicorne

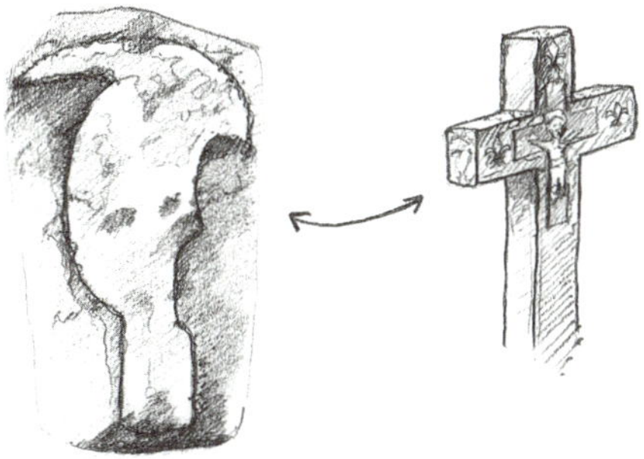

Archétype du village du Maine,
Malicorne s'est constitué autour
du pont qui enjambe la Sarthe :
le château, le moulin et les maisons
resserrées autour de l'église
composent un paysage
authentique et vivant.

Selon la tradition, la croix
à la serpe commémore un combat entre
des vignerons armés de leur seul outil
de travail, et une bande d'Anglois
qu'ils auraient tenus en échec.

Dans l'église de Malicorne (XIe siècle),
dort paisiblement un seigneur
de pierre en armure, accompagné
de ses « pleurants »...
Sic transit gloria mundi.

Peints à la main,
les décors des célèbres faïences
de Malicorne ont leurs admirateurs
depuis deux siècles ;
le troisième dimanche de septembre,
la ville fête les potiers
venus de toute la France.

À Spay, souvenir des bons vieux
trains d'autrefois.
Un panneau proche relate
la première excursion
par tramway des espérantistes
manceaux.
Au Jardin des Oiseaux,
j'écoute comme saint François
le doux babil de la gent ailée :
lophophore resplendissant,
rossignol du Japon, touraco
Livingstone ou ibis sacré...

Derrière le bateau hollandais amarré sur les quais
le pont et le moulin de La Suze. En 1852, au lendemain
du coup d'État de Louis Bonaparte, futur Napoléon III, des ouvriers
en colère de La Suze menacèrent de marcher sur Le Mans.
Le soulèvement fit long feu et le gouvernement du prince président
signala que « Paris, Lyon et La Suze étaient revenus au calme ».

Le site gallo-romain de la Tour aux Fées
près d'Allonnes témoigne de la persistance
des divinités celtes sous leurs habits romains.
Outre une dédicace à Mars Mullo
(un dieu gaulois associé au dieu romain
de la guerre) relevée sur un autel, d'étranges ex-voto
ont également été mis au jour :
corps difformes, faces mutilées...
Ces figurines, d'un réalisme saisissant, étaient
déposées dans l'espoir d'obtenir
une guérison ou pour en remercier
la divinité thaumaturge.

Détail d'un pavage en terre cuite.
Les motifs ont été tracés
avec les doigts.

La passerelle Dunlop du circuit des 24 Heures.
Selon la légende, la plus fameuse course automobile d'endurance du monde serait née de la rencontre de trois hommes au Salon de l'automobile de 1922.
Au cours de la discussion, Georges Durand, fondateur de l'Automobile Club de l'Ouest, aurait proposé une course sur 24 heures. Malgré le scepticisme de ses deux interlocuteurs il réunit 33 voitures pour la première édition, les 26 et 27 mai 1923. Le véhicule vainqueur obtint la moyenne plus qu'honorable de 92 km/h et quelques tours de roues.

Le Vieux Mans

Demeure de Jean de l'Espine, médecin et astrologue de la reine de Navarre, la maison d'Adam et Ève (1520) est ornée de nombreux symboles allégoriques : Soleil, Lune, chimères...

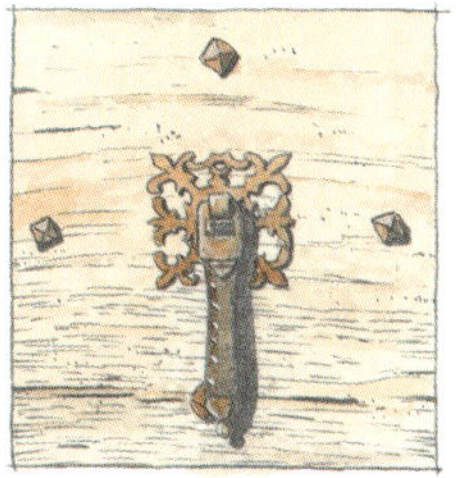

Butoirs de porte.

Est-ce en essuyant ses mains avant d'entrer chez lui que le bourreau a teinté le Pilier rouge ?

Le Vieux Mans offre un des plus remarquables ensembles de demeures médiévales et Renaissance de France, tant par son étendue (près de 9 hectares) que par la densité des maisons à pans de bois ou aux façades ouvragées que l'on peut y découvrir.

Les arcs-boutants en Y
de la cathédrale Saint-Julien favorisent
la pénétration de la lumière dans l'édifice ;
les célèbres vitraux des XIIe et XIIIe siècles
– dont celui de l'Ascension (1140) –
bénéficient ainsi d'un éclairement idéal.

Accolé au mur
de la cathédrale,
ce menhir a connu
de tous temps
la ferveur
des Manceaux :
si une femme
enceinte touche
du doigt le petit
orifice en son centre,
un esprit valeureux
habitera l'enfant
qu'elle porte.

Pavillon suspendu
(escalier des Boucheries).

Le Mans

Façade des Nouvelles Galeries
bel exemple d'architecture Art nouveau,
avec soubassement en acier.

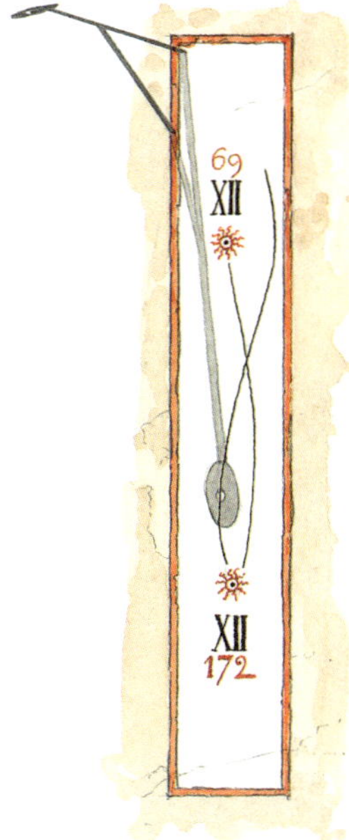

Méridienne
(cadran solaire marquant
uniquement le midi)
d'après Claude Chappe.
Comme elle, je ne supporte
que les heures pleines
celles où les rêveries rejoignent
les saisons de l'amitié.

Carnet de Sarthe

de la forêt de Perseigne au Mans

Illustrations de Philippe Migné

Textes de Pierre Laurendeau

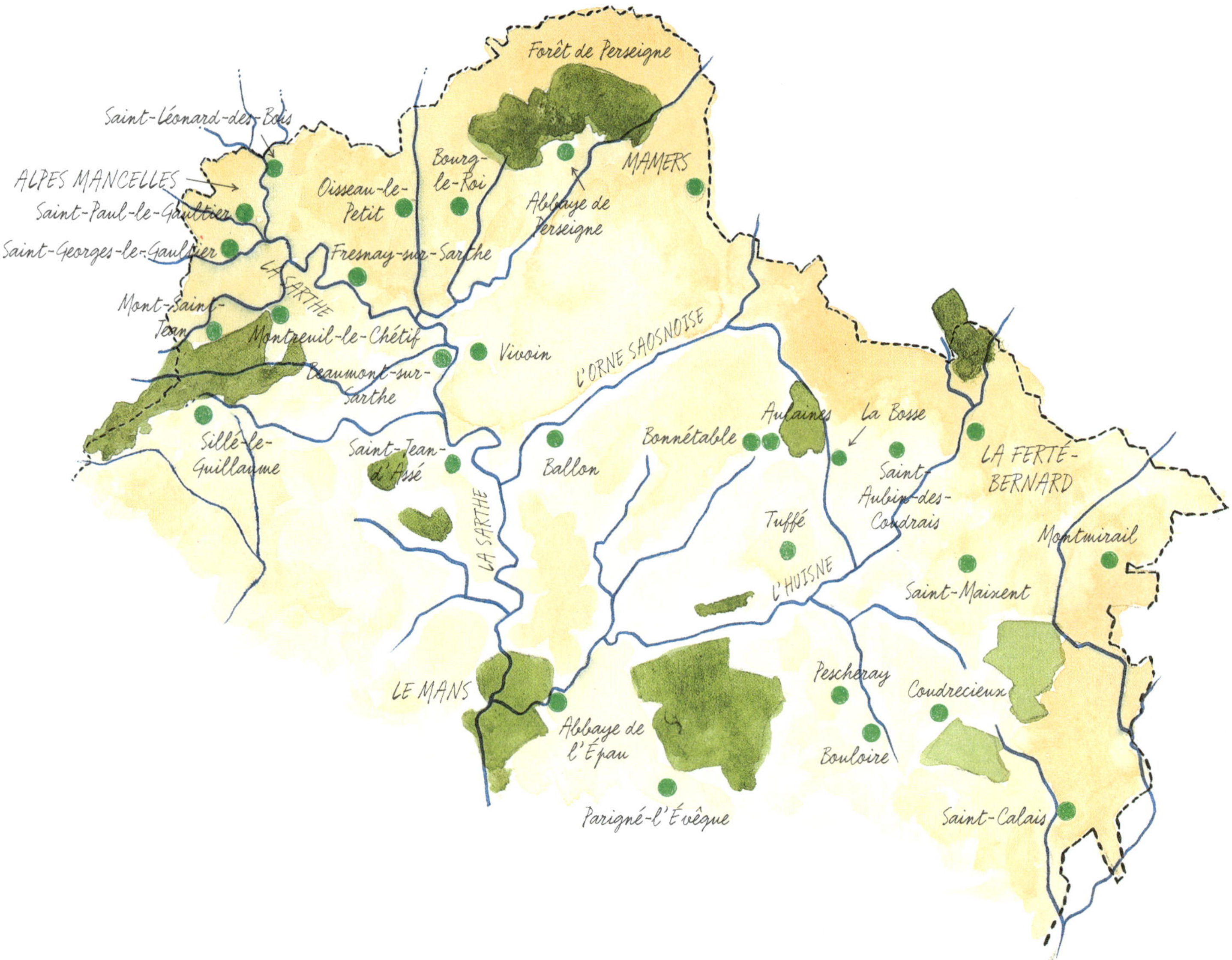

Forêt de Perseigne
Saint-Léonard-des-Bois
ALPES MANCELLES
Saint-Paul-le-Gaultier
Saint-Georges-le-Gaultier
Oisseau-le-Petit
Bourg-le-Roi
Abbaye de Perseigne
MAMERS
Fresnay-sur-Sarthe
LA SARTHE
Mont-Saint-Jean
Montreuil-le-Chétif
Vivoin
Beaumont-sur-Sarthe
L'ORNE SAOSNOISE
Sillé-le-Guillaume
Saint-Jean-d'Assé
Ballon
Bonnétable
Aulaines
La Bosse
Saint-Aubin-des-Coudrais
LA FERTÉ-BERNARD
Montmirail
Tuffé
L'HUISNE
Saint-Maixent
LA SARTHE
LE MANS
Abbaye de l'Épau
Pescheray
Coudrecieux
Bouloire
Parigné-l'Évêque
Saint-Calais

4

Premier séjour

De la forêt de Perseigne aux Alpes mancelles

Bourg-le-Roi,
vestiges des anciennes fortifications
médiévales.

Mamers

Outre les halles de 1818 et l'église du XVe siècle,
j'ai découvert à Mamers une tour Eiffel
en réduction édifiée au début des années 1880.
Parmi les enfants du pays, une mention
à Joseph Caillaux, ministre de la IIIe République
qui inventa l'impôt sur le revenu.

Pour obtenir la filasse, matière première
de l'industrie toilière, le chanvre était mis
à rouir puis séché dans un four (celui-ci,
près de Mamers). L'activité chanvrière employait
vers 1847 plus de la moitié de la main-d'oeuvre
industrielle masculine du département !

Forêt de Perseigne

De la riche abbaye
cistercienne
de Perseigne, fondée
en 1145, ne reste
qu'un pan de mur
dressé comme
une flèche céleste
au milieu
des prés.

Culminant à 370 mètres, le belvédère de Perseigne,
tel un phare terrestre incongru, domine la forêt frémissant
au vent des hautes terres.

Bourg-le-Roi

Ce village fortifié (X^e^-XIIe siècle) doit son renom au célèbre point de Beauvais, spécialité des brodeuses locales.

Dans la maison de la Broderie, une tenture de 12 mètres retrace l'histoire du village, de l'époque gauloise à 1450.

Point de Beauvais

Le « fanum » (lieu de culte gallo-romain) de Oisseau-le-Petit,
découvert en 1984 grâce à des vues aériennes.
Sur le site, on a recensé trois temples, un théâtre,
des entrepôts et un établissement thermal.

Vagabondant par les petits
chemins, je saisis cet instant
d'émotion : un bordage,
une haie, un bosquet au loin...
à quelques pas du Paradis !

Chapelle funéraire des seigneurs de Linthe (XVIe siècle), à Saint-Léonard-des-Bois. Les deux croix de granit ont été prélevées dans l'ancien cimetière qui jouxte la chapelle.

Les Alpes mancelles

Curieuse appellation pour ce fragment de montagne tombé dans le nord de la Sarthe... Je troque piolet et crampons contre un vélo tout terrain déjà crotté (les meilleurs !) et pars à l'assaut du val de Misère.

Autrefois, une gentille fée venait
battre monnaie sur une pierre,
près de Saint-Léonard,
et distribuait sa production
aux pauvres des environs.
La pierre conserve les empreintes
de son industrieuse activité :
il suffit, dit-on, d'y placer
un caillou pour repartir
avec un louis d'or.

Quelques poissons sarthois
boudant mon hameçon.

Connaissez-vous
la mulette
perlière ?
Cette moule
géante hanterait
les eaux de la Sarthe,
sécrétant de-ci de-là
une perle fort
convoitée.

Saint-Paul-le-Gaultier,
juché sur sa butte.

Construit en 1913 et surnommé le viaduc du père Ubu, ce magnifique ouvrage d'art, près de Saint-Georges-le-Gaultier, ne fut jamais chaussé de rails et ne vit donc passer aucun train… Aujourd'hui, d'audacieux sportifs viennent y vérifier la loi de l'attraction universelle : l'élastique au pied, ils se jettent du haut de ses 33 mètres, les bras en croix et le poumon léger. Le troisième saut est gratuit.

Loin de la rumeur du monde,
un moment de recueillement
à la chapelle de Mont-Saint-Jean.

Ancien pigeonnier,
à Montreuil-le-Chétif,
surnommé « fille décapitée ».
Je m'interroge : qu'est devenue
la tête ?

Fresnay-sur-Sarthe

Aux portes des Alpes mancelles,
la ville reçut la visite
de Guillaume le Conquérant,
puis celle des Anglais au cours
de la guerre de Cent-Ans.
La porte fortifiée, partie la mieux
conservée du château, domine
la « baille » (basse-cour) ;
elle abrite aujourd'hui
un musée des Coiffes.

Dans le jardin public,
meule au repos.

Du chemin de ronde de l'ancien château, vue plongeante sur les méandres de la Sarthe.

Du XVIIe au XIXe siècle Fresnay-sur-Sarthe fut un centre important de commerce du chanvre, pour la confection de toile à voiles.

L'ancienne halle aux toiles, aujourd'hui restaurée, accueillait drapiers et dentellières venus vendre leur production : draps, linge de table et chemises.

Deuxième séjour

De Sillé-le-Guillaume
à La Ferté-Bernard

Champignons cueillis
près de Sillé-le-Guillaume.

Sillé-le-Guillaume

Sillé-le-Guillaume,
patrie de Léon Besnardeau,
inventeur de la carte
postale illustrée. Vacanciers
qui fréquentez Sillé-Plage
ou les parois du Saut du Cerf,
ayez une pensée émue
pour ce précurseur
de la correspondance estivale.

L'histoire se lit sur les murs de Sillé, tourmentée d'épisodes guerriers entre les Mainiots et leurs voisins bretons, puis grands-bretons : le puissant château fort et son donjon de 38 mètres veillent toujours sur les marches du Maine. En cas d'alerte, la population pourra se réfugier dans la crypte de l'église, une des plus vastes de l'Ouest (30 m sur 6 m).

Les Aulergues Cénomans,
nos ancêtres sarthois,
étaient de fameux forgerons :
lors de la construction
de l'autoroute A28,
un très important site
métallurgique gaulois
(IVe siècle avant J.-C.)
a été mis au jour près
de Sainte-Jamme-sur-Sarthe.
Une reconstitution des fours
a permis aux chercheurs
de comparer leurs expériences
avec les données recueillies
sur le terrain.

À Saint-Jean-d'Assé, petite chapelle dans les maïs,
seul vestige d'un château aujourd'hui disparu.

Beaumont-sur-Sarthe

Deux peintres fréquentèrent
Beaumont-sur-Sarthe :
Albert Maignan et Georges Rouault ;
vers la fin de sa vie,
ce dernier brûla 315 tableaux
qu'il jugeait non aboutis.

Les halles, fin XIXe siècle.

Parmi les curiosités de la cité, signalons une « foire
aux Maîtresses » qui se déroulait en décembre
jusque dans la première moitié de ce siècle.

À l'époque de l'eau courante,
ce puits du XVIIIe siècle ne reçoit plus
la visite des habitants en quête d'eau fraîche.

De curieuses croix « archaïques », le plus souvent taillées dans un seul bloc de granit ou de grès roussard, fleurissent au milieu des champs ou sur le bord des petites routes du Maine normand : elles jalonnent d'anciens chemins vers le mont Saint-Michel. Sur celle de droite est sculpté un bourdon de pèlerin. Certaines datent du XIe siècle.

Le prieuré de Vivoin (XIIIe-XVIe siècle)
Le prieuré faillit disparaître vers le milieu de ce siècle, car son état de délabrement était jugé critique. Restauré avec passion, il est devenu centre culturel et abrite le « musée de la Vie d'autrefois », où je découvre tous les secrets de la pomme, du cidre à l'eau-de-vie.

Ballon

Occupé tour à tour par Herbert Éveille-Chien, Guillaume le Conquérant, Robert le Diable et Philippe Auguste, ce château « imprenable » fut pris et repris plus de vingt fois ! Son propriétaire, qui possède une magnifique collection de rosiers anciens, a également créé un jardin clos où voisinent topiaires, fleurs et plantes médicinales.

Au tout début de la Révolution, tandis que la disette courait les campagnes, deux personnes accusées (à tort) d'être des accapareurs de grain furent mises à mort et leurs têtes promenées au bout de piques sous le donjon : une version paysanne de la prise de la Bastille…

25

*Une barrière légèrement de guingois, des herbes folles sur le bord d'un chemin creux,
un bouquet d'arbres allégés par le vent… Naissance d'un paysage.*

26

Délaissant le temps d'une légende son fief de Lusignan, la fée Mélusine aurait construit le château de Bonnétable (XVe siècle). Elle baignait ses écailles de femme-serpent dans la fontaine de Clossay, au plus profond de la forêt. Malheur au passant qui la trouble !

La Transvap

Arrêt à Tuffé.
Mesdames et Messieurs
les voyageurs...
en voiture !

La gare de Bonnétable.

Ancienne grue, sur les quais
de Bonnétable.

La Transvap, le chemin de fer touristique de la Sarthe.
Connerré-Tuffé-Bonnétable : 18 km en 50 mn, version autorail ;
1 h 10, version vapeur... pour apprécier le paysage et les escarbilles d'autrefois.

Petite église médiévale d'Aulaines.
Près de la porte, deux plaques votives. Sur l'une, datée de 1724, sont gravés une tête de mort, deux tibias... et des gouttes stylisées : pleurs ou sang ?

La Bosse, dressée sur sa butte,
gratte le ciel de son clocher
pointu.

Porche roman de l'église,
à chapiteaux sculptés.

L'heure du déjeuner approchant, j'achète au charcutier de Saint-Aubin de bonnes rillettes sarthoises cuites au feu de bois.

Église de Saint-Aubin-des-Coudrais. Lors de sa restauration, des sarcophages ont été retrouvés...

La Ferté-Bernard,

au coeur du pays d'art et d'histoire

La porte Saint-Julien, vestige de l'ancienne place forte. Aux temps sombres de la Ligue, les défenseurs de la ville assiégée par Henri IV auraient lâché dans la campagne leurs « agnelles » (dames et damoiselles), aussitôt assaillies par les troupes royales... puis 200 soldats déguisés qui se jetèrent sur les prétendants toutes piques dehors...

Venise du bocage, La Ferté-Bernard propose aux amateurs tout un réseau de canaux à découvrir en barque.

Gargouille de l'église
Notre-Dame-des-Marais,
construite
selon la tradition
par les fées.

Vieilles demeures de la rue Carnot.

Au Moyen Âge, la Velue,
un monstre horrible couvert
de poils verts, semait la terreur
dans la vallée de l'Huisne
et jusque dans les rues de la cité,
dépeçant et dévorant les enfants
du pays, crachant des torrents
de flammes et brûlant
les récoltes. Un vaillant jeune
homme, pour venger sa belle,
mit fin aux exactions
de la Velue.

Sur une belle maison
à pans de bois
de la rue Carnot,
le fou guette
le pèlerin.

Pause gourmande

Le pays se prêtant peu à la charcuterie sèche, une tradition de confire le cochon dans sa graisse s'est développée dans les campagnes sarthoises. À l'origine familiales ou artisanales, les rillettes ont conquis le public parisien – donc français – lorsqu'un charcutier avisé, Albert Lhuissier, eut l'idée d'en proposer des pots aux voyageurs et cheminots de passage à la gare de Connerré.

Côté pommes, outre la reinette du Mans appréciée des amateurs, la production alimente également la fabrication de cidre et d'eau-de-vie.

Troisième séjour

De Montmirail au Mans

Les bornes de la Liberté jalonnent l'itinéraire suivi en 1944 par l'armée alliée, des plages du Débarquement à Bastogne (Belgique).

Montmirail

À 160 mètres au-dessus du niveau de la mer, la forteresse
n'a rien à craindre d'un possible réchauffement planétaire :
dans quelques siècles, îlot de l'archipel du Perche,
à quelques heures de voile de la presqu'île de Perseigne,
loin de l'Océan parisien.

En 1169, trois grands personnages
séjournèrent à Montmirail : Louis VII,
roi de France ; Henri II Plantagenêt,
roi d'Angleterre ; et Thomas Becket,
archevêque et ami d'Henri II,
mais en désaccord avec lui.
La tentative du roi de France
de les réconcilier échouera.
Le château fut pris en 1194
par Richard Coeur de Lion,
le fils d'Henri II.

Étang de Saint-Maixent.

Le lavoir du Logis-Château, à Saint-Maixent :
à la fois lieu sacré et profane, cet édifice, sans doute unique
en France, servait à nettoyer le linge et à blanchir les âmes.
Selon la légende, une lavandière avait promis à saint Quentin
une pièce de toile fine ; ayant oublié son serment,
elle fut précipitée dans le lavoir et s'y noya.
Depuis, les blanchisseuses ont changé de saint protecteur.

Saint-Calais

À Saint-Calais, la fête du Chausson aux pommes commémore, depuis trois siècles, la fin d'une terrible épidémie de peste. Bien que la maladie ne soit plus à craindre, la Confrérie du Chausson aux pommes entend préserver la tradition gourmande.

Manu Dibango, enfant adoptif du pays et musicien surdoué, anime un festival en août.

Promenade sur les quais de l'Anille, charmant cours d'eau canalisé.

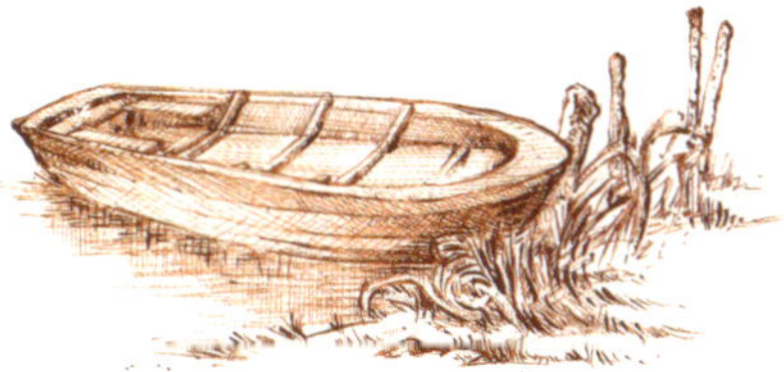

Près de Coudrecieux,
petite église des Loges
et sa curieuse flèche
de pierre.

Bouloire fut incendié en 1681 :
en réchappèrent seuls l'église et le château.
La muraille une fois abattue,
la cour du château devint place du village.

Sur la place de Bouloire,
un Martien drolatique
trompine des oreilles tout
en étirant son accordéon.

Le domaine de Pescheray

Le château
vu du swin golf.

Les animaux du parc de Pescheray,
daims, caprinés ou wallabies albinos, entretiennent
volontiers des rapports d'amitié avec les humains.
Ours et loups voisinent avec quelques aurochs massifs,
représentants d'une espèce préhistorique « ressuscitée »
par deux généticiens allemands, les frères Heck.
Le domaine, centre d'aide par le travail,
emploie 60 hommes et femmes handicapés.

À Parigné-l'Évêque,
lanterne des morts, près de la chapelle
du cimetière. Unique dans la région,
ce monument intrigue visiteurs
et chercheurs : tour à feu follet
ou observatoire pour l'envol des âmes,
les conjectures sont multiples.

Abbaye de l'Épau

Bérengère de Navarre, veuve de Richard Coeur de Lion, fonda l'abbaye de l'Épau en 1229… et y fut enterrée l'année suivante. Les travaux de construction se poursuivirent tout au long du XIIIe siècle et ne furent jamais achevés.

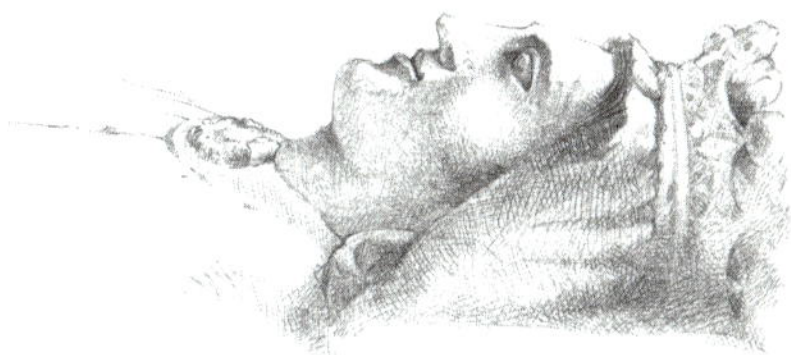

Gisant de Bérengère de Navarre.

Aujourd'hui propriété du Conseil général de la Sarthe et devenue site culturel de prestige, l'abbaye accueille concerts et expositions.

Le Vieux Mans

Petit personnage en équilibre
sur le toit de la maison
de Scarron, chanoine
de la cathédrale du Mans
et auteur du « Roman
comique » (1651),
qui égratigne la vie
des Manceaux
au XVIIe siècle.

La maison à la tourelle, demeure Renaissance
aux fenêtres et lucarnes à rinceaux.

La maison suspendue défie
les lois de l'équilibre.
Passant, presse le pas…

L'enceinte de Vindunum,
longue de 1 300 mètres,
fut élevée à la fin du IIIe siècle,
au sortir d'une période de troubles
et d'invasions : un très beau décor géométrique,
alternance de moellons de grès roussard
et de calcaire, témoigne du souci esthétique
des architectes militaires de l'Empire.
Il s'agit de l'ensemble défensif gallo-romain
le mieux conservé de France.

La Grande-Rue

Cavalcades et manants,
beaux messieurs ou marchandes
des quatre saisons, robes
de princesses et habits
de rude toile : le Vieux Mans
sert régulièrement de décor
à des films historiques
et les Manceaux sont mis
à contribution pour leur plus
grand bonheur !

Autogare, port d'embarquement
pour de mystérieuses destinations.
Au terme de mon périple,
je m'inscris volontiers
pour un nouveau départ.

L'Office de tourisme du Mans, effet miroir
des demeures du temps passé sur la modernité.